AF563731

NOTICE
SUR
JEAN DE PLANTAVIT
DE LA PAUSE,
ÉVÊQUE DE LODÈVE;
ET SUR
L'ABBÉ DE MARGON,
GUILLAUME DE PLANTAVIT,
SON PETIT-NEVEU.

NOTICE

SUR

JEAN DE PLANTAVIT DE LA PAUSE,

ÉVÊQUE DE LODÈVE;

ET SUR

L'ABBÉ DE MARGON, GUILLAUME DE PLANTAVIT, SON PETIT-NEVEU.

PAR M. POITEVIN-PEITAVI,

Ancien Avocat, Secrétaire perpétuel de l'Académie des Jeux Floraux.

A BEZIERS,
DE L'IMPRIMERIE DE J.-J. FUZIER.
1817.

NOTICE

Sur Jean de Plantavit de la Pause, Évêque de Lodève; et sur l'Abbé de Margon, Guillaume de Plantavit, son petit-neveu.

I°. JEAN DE PLANTAVIT DE LA PAUSE.

JEAN DE PLANTAVIT DE LA PAUSE tient un rang distingué parmi les Évêques de France, qui, dans le dix-septième siècle, honorèrent l'Épiscopat par leur science, leur doctrine, la régularité de leur vie, et le digne emploi de leurs richesses. Il appartenoit à une famille d'ancienne noblesse, originaire de Sienne en Toscane, qui vint s'établir en France vers la fin du treizième siècle. C'étoit une branche de la maison de Strozzi. Des motifs particuliers engagèrent Décius Strozzi à prendre le nom de sa mère, *Porcia Plantaviti*, qui le suivit dans son émigration. Il eut plusieurs enfans mâles, dont un forma la branche des Plantavit de la Pause, établie dans les Cevènes, et l'autre celle des Plantavit de Margon, établie dans le bas Languedoc. Le nom de Strozzi ne fut pourtant pas tout-à-fait abandonné; mais ceux qui le portèrent, le joignirent toujours à celui de *Plantavit*, qu'on avoit francisé, en retranchant l'i final, et que quelquefois on chercha à franciser davantage, en écrivant Plantevit.

Naturalisés en France, les descendans de Décius de Plantavit, prirent, comme tous les gentilshommes du royaume, le parti des armes, et s'y distinguèrent dans des postes honorables. Sous Charles VII, Louis XI, Charles VIII, etc., on les voit capitaines de lanciers ou écuyers du Roi; sous Louis XIV, Louis XV et Louis XVI, brigadiers des armées ou maréchaux de camp.

La religion protestante, qui fit tant de progrès dans les Cevènes, avoit été embrassée par cette famille, et cependant Christophe de Plantavit de la Pause s'allia à une famille catholique, en épousant Isabeau, fille de N. d'Assac, seigneur de Marcassargues. De ce mariage nâquit Jean de Plantavit de la Pause, qui va nous occuper.

Sa mère étant en visite au château de Marcassargues, et se croyant loin de son terme, fut saisie et tellement pressée des douleurs de l'enfantement, en traversant la chapelle du château, que, sans pouvoir aller plus loin, elle accoucha sur le marche-pied de l'autel. Cette circonstance très-indifférente ne fut pas remarquée alors; mais dans la suite, elle parut avoir quelque chose de surnaturel, quand on l'eut rapprochée d'un événement dont nous parlerons plus bas. Jean de Plantavit fut élevé dans la religion protestante. Envoyé au collége de Nîmes, il y apprit, avec une facilité extrême, le latin et le grec; et comme il se destinoit au ministère évangélique, il fit un cours de théologie, dans lequel étoit comprise l'étude de l'hébreu.

On se croit aujourd'hui très-habile dans les langues savantes, quand on est parvenu à les entendre sans le secours des traductions et des commentaires. A l'époque où vivoit Jean de Plantavit de la Pause, et dans l'académie où il faisoit ses études, on étoit plus exigeant. Il falloit savoir les parler et les écrire. Pour s'y exercer, il avoit traduit en hébreu, étant encore sur les bancs, *juvenilibus annis*, dit-il, une collection de trois cents maximes ou préceptes moraux, extraits des auteurs grecs et latins; et dans l'avis au lecteur d'un de ses ouvrages, il lui dit : j'y ai joint cette collection, pour vous donner une esquisse de la manière dont on peut apprendre à écrire et à parler l'hébreu. *Ut tu linguæ sanctæ studiosus, vel ex hoc quantuluscumque specimine, quomodò sit* HEBRAICE *loquendum vel scribendum facillimè addiscas.*

Jose croire qu'il est aujourd'hui peu d'étudians et même peu de professeurs en théologie, qui ne regardassent comme effrayante une pareille tâche; et cependant on verra que Jean de Plantavit, après avoir obtenu tout ce qu'on peut attendre d'un pareil exercice, étoit bien éloigné de se croire suffisamment instruit, pour mériter le nom de savant.

Ayant pris le grade de docteur en théologie, il fut choisi pour occuper à Beziers la place de *ministre du saint évangile.* A cette époque (au commencement du dix-septième siècle), les protestans ne pouvoient pas avoir de temples dans les villes épiscopales. Ceux de Beziers avoient le leur à Boujan, village voisin. C'est

là

là que Plantavit de la Pause exerça son ministère avec un grand éclat. Son éloquence et la solidité de ses instructions attiroient dans ce temple une foule immense. On venoit de très-loin pour l'entendre; les voyageurs s'arrêtoient exprès.

On raconte, et cette tradition est consignée dans des mémoires soigneusement conservés dans sa famille, qu'un prince étranger, passant à Beziers en 1604, y prolongea son séjour pour assister à une de ses prédications, et que le dimanche, 8 septembre, il se rendit à Boujan avec un nombreux et brillant cortége. C'est le jour auquel l'église romaine célèbre la nativité de la Vierge, et l'on s'attendoit à des sorties éloquentes contre ce culte que les protestans regardent comme un acte d'idolâtrie.

Il est prétendu qu'étant monté en chaire, son sermon, qu'il avoit composé et étudié avec soin, échappa à sa mémoire; que, réduit à improviser, il se livra à l'inspiration du moment, et qu'au lieu des observations critiques auxquelles on s'attendoit, il emprunta, pour célébrer les grandeurs de la Mère de Dieu, la doctrine et le langage de l'église romaine. Les premiers mouvemens de surprise et les murmures qui en furent la suite, ne le dérangèrent point; il continuoit avec intrépidité, lorsque l'indignation de son auditoire, portée à son comble, l'obligea de descendre de chaire, de sortir du temple, et de s'enfuir du lieu de sa résidence.

Sa famille humiliée d'un tel scandale, et irritée du changement qui s'étoit opéré dans ses idées dogmatiques, lui refusa un asile. Un homme de son mérite ne devoit pas être en peine de son sort. Il fut recherché par tout ce qu'il y avoit de plus considérable parmi les catholiques. On étoit persuadé qu'un coup de la grâce l'avoit frappé comme Saint Paul; on citoit l'exemple de Balaam qui, envoyé pour maudire le peuple d'Israël, ne trouva et ne proféra que des paroles de bénédiction. Ce fut alors qu'on rappela, comme un signe de prédestination, l'évènement de sa naissance dans une chapelle catholique. Il n'en falloit pas tant, au milieu de l'agitation que les controverses religieuses entretenoient dans les esprits, pour trouver quelque chose de surnaturel dans le rapprochement des circonstances de cette naissance et de cette prédication.

Plantavit de la Pause ne s'est jamais expliqué là-dessus. Dans la chronologie des Évêques de Lodève, où il se place à la suite de ses prédécesseurs, il dit bien qu'il est docteur en théologie de l'académie de Nîmes; mais il ne parle ni de son éducation, ni de son ministère dans la religion protestante; moins encore des circonstances qu'une pieuse crédulité a célébrées comme ayant quelque chose de miraculeux. Quoi qu'il en soit, cette prédication de la doctrine catholique dans la bouche d'un ministre protestant, est inconcevable dans ses motifs. J'aimerois mieux que Plantavit de la Pause eût cessé d'instruire son troupeau, aussitôt qu'il fut convaincu que les pouvoirs donnés aux apôtres et à ses successurs ne lui avoient pas été transmis.

Après l'éclat de cette défection, il ne tarda pas à faire son abjuration publique et solennelle. Ses vœux les plus ardens étoient pour la conversion de son père et de son frère. Leur obstination redoubla par la considération même de son exemple. Ce ne fut qu'après leur mort, qu'il eut la consolation de ramener au giron de l'église Théophile-François de Plantavit, son neveu, qui reçut ses instructions avec docilité, conserva jusqu'à cent ans la ferveur et les sentimens de piété qu'il dut à cette conversion, et la tradition dont j'ai parlé, et qui est presque un article de foi dans sa famille.

Plantavit de la Pause, qui étoit né dans le diocèse de Mende, témoigna à son évêque le désir d'entrer dans l'état ecclésiastique. C'étoit pour le clergé de France une acquisition précieuse. Il fut promu aux ordres sacrés; et lorsqu'il eut reçu la prêtrise, il partit pour Rome, afin d'y perfectionner ses études. Dans le plan qu'il s'en étoit fait, c'étoit peu de savoir l'hébreu, si l'on n'y joignoit la connoissance du chaldéen, de l'arabe, du syriaque, et de tout ce que les rabbins avoient écrit de raisonnable.

Dominique de Jésusalem, rabbin fameux et médecin habile, ayant embrassé la religion chrétienne, enseignoit à Rome l'hébreu et le chaldéen. A la même époque, Gabriel Sionite où de Sion, savant maronite, enseignoit à Rome, avec la même célébrité, l'arabe et le syriaque. Plantavit de la Pause étudia sous eux, et voyagea ensuite dans toute l'Italie et en Allemagne, pour ajouter à son instruction. Riche des connoissances qu'il avoit acquises dans les communications assidues des plus fameux rabbins, il revint à Rome, où le pape Paul V, qui l'avoit accueilli avec distinction, l'employa dans les négociations qui terminèrent ses contestations avec la république de Venise. L'ambassadeur de France, qui en avoit la direction, conçut une grande idée de ses talens, et le recommanda, d'une manière particulière, à Marie de Médicis, qui le fit son aumônier. Par une suite de cette recommandation, le cardinal de la Rochefoucault, grand aumônier de France, le nomma son vicaire général; le roi lui donna l'abbaye de St.-Martin-aux-bois, et la charge de grand aumônier de madame Élisabeth de France, promise au roi d'Espagne, et il l'accompagna à Madrid. C'est par la protection de la reine d'Espagne, qu'à son retour il fut nommé à l'évêché de Lodève, dont il prit possession en 1625.

Pendant son séjour à Paris, où l'on croiroit qu'il n'étoit occupé que de sa fortune, Plantavit de la Pause suivoit avec ardeur ses études favorites. Après avoir fréquenté les maîtres les plus fameux, il n'hésita pas à prendre des leçons d'un savant juif, Philippe Aquin, converti à la religion chrétienne, et qui étoit professeur d'hébreu à Paris. Il travailloit dès lors au grand dictionnaire de la langue hébraïque, auquel il consacra tous les momens que lui laissoit l'administration épiscopale.

Plantavit de la Pause arriva à Lodève dans un moment fâcheux pour tout autre, mais favorable pour un saint prélat, dont la charité éclairée étoit sans bornes. Comme aîné de sa famille, il en avoit recueilli les biens, et il y avoit joint la terre de Margon, par l'extinction de l'autre branche. Il étoit riche et naturellement porté à la magnificence. La disette commençant à se faire sentir dans sa ville épiscopale, il y établit des ateliers de charité ; et fournissant ainsi des moyens de subsistance à quiconque travailleroit, il entreprit des constructions considérables. Le palais épiscopal avoit été détruit pendant les guerres de religion ; l'évêque n'avoit pour son habitation que la maison de l'archidiaconé ; il la rebâtit, et lui donna toute l'étendue nécessaire pour un palais épiscopal. L'église cathérale avoit été pillée et dégradée ; il la fit décorer à ses dépens, et donna à la sacristie l'argenterie et les ornemens nécessaires pour la décence et la solennité du culte. On avoit interrompu, faute de moyens, la construction du couvent des récollets ; il fournit les sommes nécessaires pour l'achever.

Il rétablit la paix parmi les ecclésiastiques de son diocèse, que des discussions théologiques avoient divisés. Il veilla, avec un soin particulier, sur la régularité de leur conduite. Il revit, corrigea et fit imprimer avec soin les offices propres au diocèse de Lodève. D'autre part, il fit rentrer, dans la possession de son église, des biens dont elle avoit été dépouillée pendant les troubles de religion ; et comme en

Languedoc l'administration temporelle des diocèses appartenoit aussi aux évêques, il fit réparer les chemins qu'une longue négligence avoit extrêmement dégradés.

C'est ainsi que se passèrent les sept premières années de son épiscopat ; et à travers toutes ces occupations, il ne cessa pas de travailler au grand dictionnaire de la langue hébraïque et à deux autres ouvrages qui devoient paroître en même temps, et aider à l'instruction des jeunes ecclésiastiques. Sa vie étant ainsi remplie de bonnes œuvres et d'utiles travaux, dans le sein des lettres et dans la force de l'âge, il étoit heureux. Ce bonheur fut troublé par une des plus cruelles vicissitudes du sort. Gaston d'Orléans s'étant révolté contre le roi, son frère, entraîna une partie du Languedoc dans sa révolte, et Plantavit de la Pause, que ses principes, sa reconnoissance et la religion attachoient à son roi, n'ayant pu résister à la violence que Gaston d'Orléans employa contre lui, fut mis par la calomnie au nombre de ses plus zélés partisans. Cette dénonciation, accueillie par le cardinal de Richelieu, fit qu'on l'excepta de l'amnistie qui fut publiée, quand les troubles eurent cessé.

Plantavit de la Pause, proscrit par un ministre

implacable, se cacha; et pendant sa retraite, chercha des consolations dans l'étude, et fortifia son ame par le témoignage que lui rendoit sa conscience, de n'avoir pas eu même une pensée qui ne fut pour le roi; de n'avoir pas cessé de faire et de proférer pour lui les vœux les plus sincères. *Quòcumque pergeret, eum in animo, ipsum in ore circumferebam.* C'est ainsi qu'il s'exprime à l'article qui le regarde, dans la chronologie des évêques de Lodève, à laquelle il mit alors la dernière main, et qu'il eut l'heureuse pensée de dédier au cardinal de Richelieu.

Cet ouvrage intitulé, *Chronologia Præsulum Lodoventium in Galliâ Narbonensi*, contient la biographie de cent évêques ses prédécesseurs, et une notice de ce qu'il avoit fait lui-même dans son diocèse, et forme un volume in-4°. d'environ 500 pages. Il est écrit en latin, avec élégance et précision; on y voit que l'auteur avoit formé son style sur les meilleurs modèles.

En présentant au cardinal de Richelieu ce monument élevé à la gloire de ses prédécesseurs, il n'hésite pas à dire qu'ils intercèdent tous pour lui. *Attollunt de tumulo caput, ut jacentem me sublevent; et si ullum in me crimen, quod absit, calumniantium malitia imposuerit, centum præsules unum obtestantur et optimo cardinali contendunt;*

ne

ne successoris præsulis senectus misera sit. Vous seul, lui dit-il, pouvez appaiser la colère du roi, et obtenir de sa piété qu'il rende justice à un prélat innocent, qui jamais n'est entré dans aucun complot contre lui. *Solus iratum principem placare potes; Per te Ludovicus piissimus absolvat reum innocentem, qui, temporum fato, non ullo meditato facto accusatus est.* Sa demande lui fut accordée; il rentra en grâce, et reprit ses fonctions, heureusement pour la ville de Lodève.

A peine y étoit-il rétabli, qu'une disette affreuse se fit sentir de nouveau. Plantavit de la Pause forma à gros frais un magasin d'abondance; et suivant ses principes de fournir aux pauvres valides les moyens de gagner leur vie, il établit des ateliers de charité, où chacun trouvoit un salaire proportionné à son travail. J'insiste sur cet article, parce qu'avant lui, cette manière de soulager la misère étoit inconnue dans cette partie du royaume, et que le diocèse de Lodève lui doit peut-être l'industrie et l'amour du travail qui distingue encore ses habitans.

Pour l'emploi de tant de bras, il falloit un grand ouvrage; Plantavit de la Pause entreprit de planter et de bâtir le parc et le jardin de Prémarlet, qui existe encore, et prouve, ainsi que le palais épiscopal et la restauration de l'église de St.-Fulcrand, le goût de ce prélat pour la magnificence. Pour si peu qu'on se reporte au temps, où le clergé formoit le premier ordre de l'état, et où les évêques en Languedoc tenoient le premier rang dans les états de la province, ce goût ne paroîtra ni déplacé, ni extraordinaire. La philosophie ne reprochera pas ce faste à un évêque, qui, par ses constructions magnifiques, soulage l'indigence, anime l'industrie, et encourage le goût des arts ; et la religion approuve qu'en multipliant ses charités, la dignité épiscopale s'entoure des monumens et des autres signes extérieurs qui peuvent la rendre plus imposante. On ne dira pas, au moins, de ce prélat, que c'étoit par désœuvrement ou par frivolité.

Dans les dix ans qui suivirent son retour à Lodève, il termina et publia en trois volumes in-folio son grand ouvrage, ou, pour mieux dire, les trois ouvrages qu'il avoit composés, pour faciliter l'étude de l'hébreu et des langues orientales qui en dérivent.

Un évêque moins régulier en auroit pris occasion, pour aller passer trois ou quatre ans à Paris. Plantavit de la Pause, plus attaché à ses devoirs qu'à son argent, ne craignit pas de faire établir à Lodève une imprimerie qu'on pourroit appeler savante, puisqu'il falloit que ceux qu'on y emploieroit, sussent lire, avec quelque intelligence, non-seulement le latin, le grec et l'hébreu, mais le chaldéen, le syriaque et l'arabe.

Colomiés, imprimeur, de Toulouse, vint à Lodève exécuter cette grande entreprise sous les yeux de l'auteur. Elle fut terminée dans l'espace de cinq ans. Le privilége est du mois de mai 1639. Les trois ouvrages furent publiés en 1644. On commença par le dictionnaire intitulé : *Thesaurus synonimicus*, *HEBRAICO-CHALDAICO-RABBINICUS*. (1)

Sous chaque lettre, dans l'ordre alphabétique, on trouve dans la première colonne le mot hébreu et ses synonimes ; dans la seconde, la traduction latine ; dans la troisième, les citations justificatives prises dans la bible ; dans la quatrième, la traduction latine de ces passages ; dans la cinquième, les rapports ou les différences du chaldéen et du syriaque ; dans la sixième, les

(1) Ce dernier mot a fait croire à M. Jacq. Ch. Brunet, fils, que c'étoit l'ouvrage d'un rabbin. Dans son manuel du libraire et de l'amateur des livres, tom. 4, p. 5, 2e. colonne, n°. 10, il place Jean de Plantavit parmi les interprètes *juifs* de l'écriture sainte.

mots correspondans, employés par les rabbins. Dans le cours de l'ouvrage, se trouve l'étymologie d'un grand nombre de mots grecs, latins, français, italiens, espagnols, allemands, anglais, belges et polonais, dérivés de l'hébreu; à la fin du volume, sont deux tables alphabétiques, dont la première est un vocabulaire hébreu; et la seconde, au contraire, est un vocabulaire grec, latin, français, espagnol, anglais, pour tous les mots de ces langues, qui ont des équivalens en hébreu. Tout cela forme un volume in-folio de plus de 1400 pages.

Dans son avis au lecteur, il dit que c'est l'ouvrage de toute sa vie : j'ai rassemblé les matériaux, dit-il, dans ma jeunesse; dans l'âge mûr, j'y consacrai mes momens de loisir; je le publie au déclin de mes ans, tandis que mon esprit conserve sa vigueur dans un corps qui a senti les premières atteintes de la vieillesse. *Quod multis lucubrationibus à juvenilibus annis mente concepi; ætate crescente, succisivis horis absolvi, et senescente jam corpore, animo vero virescente, parturii.* Il ajoute que, si ce premier ouvrage est bien accueilli, les deux autres le suivront de près. *Florilegium biblicum statim subsequetur, et concitato gressu rabbinicum comitem se dabit.*

Il tint parole ; le dernier de ces deux ouvrages sortit des presses de Colomiés au mois de décembre 1644. Le *florilegium biblicum* est un recueil non-seulement de proverbes et de sentences, mais de paraboles et de préceptes extraits tant de l'ancien que du nouveau testament. Les conseils, les menaces, les promesses de l'écriture, et tout ce qui intéresse directement la foi et la morale chrétienne, y a été recueilli en hébreu et en grec, avec une traduction latine, et un commentaire courant, où se trouven notées, entr'autres choses, les *erreurs des novateurs*.

L'objet de l'auteur étoit de fournir à la jeunesse, en même temps qu'elle apprendroit le grec et l'hébreu, les moyens d'acquérir la connoissance et l'intelligence de l'écriture sainte.

Dans l'avertissement mis à la tête du *fllorilegium rabbinicum*, Plantavit de la Pause annonce que son intention, en publiant ce recueil, n'est pas d'engager qui que ce soit à faire une étude du talmud et des autres livres des rabbins, qui ne sont qu'un amas indigeste de fables, de rêveries et de puérilités. C'est, au contraire, pour en épargner à la jeunesse studieuse la fatigue et le dégoût, qu'il a fait ce choix abrégé de préceptes et de maximes noyés dans cette mer immense d'eaux troubles et bourbeuses. Son ouvrage est, dit-il, tout ce qu'il faut connoître pour se fixer sur leur manière d'écrire. Il est plus ample et plus exact que celui de Buxtorf, qui néanmoins lui a été utile. Il ajoute qu'il a tiré aussi de grands secours de ceux du père Morin de l'oratoire.

La traduction hébraïque qu'il avoit faite, dans sa jeunesse, de trois cents maximes extraites de plusieurs auteurs grecs et latins, termine ce volume.

Plantavit de la Pause magnifique en tout, n'épargna rien pour la beauté de cette édition. Beau papier, beaux caractères, ordre et distribution élégante des matières, une belle gravure au frontispice de chacun de ces ouvrages, et son portrait en grand, rien n'y manque, et l'exemplaire que j'ai sous les yeux est richement relié en marroquin rouge.

Après la publication de ces grands ouvrages, il resta encore trois ans dans son diocèse. Sa santé s'affoiblissant et ne pouvant plus lui permettre de remplir tous ses devoirs, il résigna son évêché à François de Bosquet, son ami, qui fut aussi l'un des plus savans et des plus illustres prélats de l'église de France dans le dix-septième siècle. Ayant remis en bonnes mains le soin de son troupeau, il se retira au château de Margon, où il avoit établi Théophile-François, son neveu, qu'il avoit marié, et qui fut son héritier, avec substitution de mâle en mâle, l'ordre de primogéniture gardé. Ses infirmités s'aggravant tous les jours, les quatre ans qu'il passa au milieu de sa famille, furent employés à se préparer à la mort. Une goutte remontée l'enleva subitement, le jour de la Pentecôte, en 1651, à l'âge de soixante-quinze ans.

Avant de quitter Lodève, il avoit voulu donner à ses diocésains l'assurance qu'il ne les quittoit pas pour toujours. Il fit construire dans son église cathédrale un beau mausolée de marbre, où rien ne fut épargné pour la sculpture et le *fini* des ornemens ; et par son testament il ordonna que son corps y fût enseveli. : cette translation fut faite avec toute la pompe et les solennités du culte catholique. Son corps fut déposé dans le sépulcre qui l'attendoit, et où il devoit reposer en paix jusqu'au jour de la résurrection des morts. Les habitans de Lodève, les pauvres sur-tout qui avoient pleuré son absence, sentirent leurs regrets se renouveler à la vue du cercueil du prélat illustre qui avoit répandu tant de charités et tant d'autres consolations dans leur ville. Ils regardoient comme un saint celui qui avoit fait tant de bien dans son diocèse par ses libéralités, sa vie exemplaire et son zèle apostolique. Ces sentimens vivoient encore, après cent ans, dans l'ame des habitans de Lodève; et par une suite de cette tradition pieuse, le tombeau du saint évêque étoit un objet de grande vénération.

C'en fut assez pour attirer sur ce monument des arts et de la piété, la fureur des vandales qui, après avoir brûlé les châteaux et fait perir ceux qui les habitoient, conspirèrent contre la cendre et la demeure des morts. La ville de Lodève étoit livrée à la rage révolutionnaire d'hommes de la plus basse et de la plus vile espèce. Ces forcénés se portant dans l'église cathédrale St.-Fulcrand, mirent en pièces ce tombeau qui renfermoit des reliques si vénérables, et étoit un des plus beaux ornemens de la ville.

Un de ceux qui travaillèrent à cette démolition, et qui depuis n'a cessé d'en gémir, raconte, avec le ton et l'effroi du repentir (ce qui d'ailleurs est public et notoire dans toute la ville de Lodève), qu'au lieu d'un tas d'ossemens tombant en poussière, qu'ils s'attendoient à trouver dans ce tombeau, et qui devoient être dispersés et foulés aux pieds, ils furent frappés de de terreur, en voyant un corps entier, parfaitement conservé et revêtu de ses habits pontificaux. Par un mouvement subit et simultané, ils tombèrent à genoux, en invoquant le saint évêque; et dans le regret de ne pouvoir lui rendre l'asile qu'ils venoient de détruire, ils appellèrent le prêtre constitutionnel qui désservoit cette église, et sous sa direction ils transportèrent, avec toutes les démonstrations d'un profond respect, et déposèrent le *corps saint*, c'est ainsi qu'ils s'exprimoient, dans le caveau des chanoines, sous le maître autel.

M. le comte de la Pause, maréchal de camp, arrière neveu de l'évêque de Lodève, et seul rejeton mâle de cette famille, étoit alors en réclusion, et avoit tout à craindre pour sa vie, par l'éclat de sa fidélité au Roi, et à cause des témoignages de confiance qu'il avoit reçus de MONSIEUR Frère du Roi. Il survécut peu de temps au 9 thermidor, qui lui fit rendre sa liberté. Ce temps étoit encore trop mauvais, pour obtenir la restauration des tombeaux. En paroissant consentir à ne plus rien détruire de ce qu'il y avoit de saint et de respectable, la rage républicaine vouloit qu'on respectât ses ravages précédens. Le comte de la Pause mourut avec le regret de laisser, pour ainsi dire, sans sépulture, les restes d'un grand évêque, dont les vertus et la science avoient tant honoré l'épiscopat et répandu un si grand lustre sur sa famille.

Il légua le soin de cette restauration au petit-fils de sa sœur, qu'il avoit adopté et fait héritier de son nom et de sa fortune.

Fidelle à cette recommandation, M. de Plantavit fit une première tentative qui eut peu de succès. Les difficultés qu'il éprouva parurent insurmontables, même à M. le préfet. Les administrateurs de la fabrique, qui avoient employé à d'autres décorations les ornemens du mausolée, refusoient de les rendre, et le préfet ne crut pas les circonstances assez favorables pour pouvoir utilement interposer son autorité.

Le règne de la justice étant enfin arrivé, et la restauration des tombeaux étant non-seulement permise, mais recommandée, M. de Plantavit est en actuelle diligence, pour faire rétablir ce pieux monument, bien assuré de trouver toute protection et tout appui dans les vues administratives et dans les sentimens religieux de M. le comte de Floirac, préfet de l'Hérault; et que, d'autre part, M. l'Évêque de Montpellier donnera ses ordres pour la translation des reliques du saint prélat dans le lieu de son repos. Il est temps de faire cesser le scandale toujours trop prolongé d'une violation si sacrilége.

IIº. SUR L'ABBÉ DE MARGON (GUILLAUME DE PLANTAVIT).

GUILLAUME DE PLANTAVIT DE MARGON, arrière-petit-neveu de Jean de Plantavit, évêque de Lodève, étoit appelé à recueillir les biens de sa famille. Une substitution les lui assuroit. Cela ne l'empêcha point d'entrer dans l'état ecclésiastique, entraîné par son goût pour la retraite et pour l'étude. Né avec beaucoup d'esprit, d'ardeur et d'activité, les premiers objets de son application ne furent qu'un jeu pour sa grande intelligence et la promptitude de sa conception. Il fut élevé au collége du Plessis avec un de ses frères l'Abbé de la Pause, qui étoit, au contraire, froid et tranquille. On remarqua dès-lors que l'Abbé de Margon, quoique l'aîné, quoique vif et pétulant, étoit dominé par son frère. On vantoit le bon cœur et les complaisances de l'aîné; le cadet s'étoit fait une réputation de réserve et de prudence, qui, dans un âge aussi tendre, annonce une tendance à l'égoïsme.

L'Abbé de la Pause, au sortir du Séminaire, se fixa à Paris, s'attacha au service d'une paroisse, s'appliqua à la prédication, et y obtint assez de succès pour que le Roi lui donnât une abbaye. Là se bornèrent ses travaux et son ambition. Se trouvant assez riche, il ne quitta point Paris, où il mena jusqu'à la mort une vie paisible, tranquille et retirée, ayant peu de relations même avec ses parens.

L'Abbé de Margon, au contraire, attaché à ses parens, et ne respirant que pour eux, s'empressa, quand il eut fini le cours de ses études théologiques, de revenir au château de Margon dans le sein de sa famille : il n'en existoit pas de plus intéressante pour un homme d'esprit, dont l'ame étoit sensible. Son père, brigadier des armées du Roi, avoit des connoissances profondes en histoire, en politique, en philosophie : il en avoit même acquis en théologie dans ses conversations avec l'Évêque de Lodève, qui, dans les derniers temps de sa vie, aimoit à l'entretenir de cet objet habituel de ses pensées et de ses méditations.

Son frère puîné, qu'on appeloit le Chevalier de Margon, avoit été page du Roi, et en avoit rapporté tous les fruits d'une éducation soignée. Le voisinage de nos habitations et ses liaisons avec ma famille me le firent connoître très-particulièrement dans ma jeunesse. Sa conversation toujours nourrie par un grand fond de connoissances physiques et littéraires, avoit tout le charme que peuvent donner une imagination vive, une mémoire docile, et un trésor inépuisable d'anecdotes et de traits saillans.

Sa mère, pleine de sens et de raison, charitable comme une fille de St. Vincent de Paul, étoit l'ame de cette société intime. Le Mercure Galant du mois d'avril 1708, annonçant la mort de Théophile-François de Plantavit, parle ds son fils et de ses petits-enfans, dont « le plus âgé est, « dit-il, Guillaume (l'Abbé de Margon), bachelier « de Sorbonne, qui, par son application à l'étude, « marche sur les pas de son grand oncle, « évêque de Lodève, et se trace, malgré sa « modestie, le chemin qui conduit aux premières « dignités de l'église ».

Ce qu'on dit de sa modestie, étoit vrai au pied de la lettre. Établi au château de Margon, entouré de livres, dans un petit appartement qui porte encore son nom, se partageant entre ses études et la société de ses parens et de leurs amis, il jouissoit de la plénitude de ce bonheur, prévoyant avec peine que le temps étoit proche, où il faudroit s'arracher à cette vie domestique, pour aller se mettre en évidence, et partager, comme vicaire général, le gouvernement de quelque diocèse. Heureux, s'il eut accepté les premières propositions qui lui en furent faites ! Un pareil poste l'eût mis à l'abri de la séduction funeste qui vint l'arracher de sa solitude, et le jeter hors de la voie qu'il se proposoit de suivre, pour remplir les devoirs de son état.

Louis XIV vivoit encore. Les Jesuites, par le credit du père le Tellier, son confesseur, exerçoient sur le clergé de France un empire absolu. Pour obtenir les bénéfices de nomination royale, c'étoit à lui qu'il falloit aboutir.

Les Jesuites, qui furent et seront toujours en état de guerre, parce qu'ils veulent tout dominer, avoient alors à lutter contre les débris très-redoutables de ce fameux Port-Royal, dont ils avoient détruit l'édifice et les liens matériels; et, pour cette lutte, ils avoient besoin d'auxiliaires. Puissans comme ils étoient, ils n'en devoient pas manquer, il ne s'agissoit que de choisir.

L'Abbé de Margon, malgré sa vie solitaire, entretenoit des relations avec les gens instruits de son voisinage. La trempe de son esprit et l'étendue de ses connoissances lui avoient donné quelque célébrité. Les Jesuites du collége de Beziers en parlèrent à leur provincial le P. Perrin, qui entreprit de l'attacher aux intérêts de la société, par la promesse d'abréger pour lui le chemin des honneurs et de la fortune, puisqu'il se trouveroit, en débutant, en relation très-particulière avec le P. le Tellier.

Sans être ambitieux, l'Abbé de Margon comptoit bien que la consistance de sa famille, les services de ses ancêtres, ceux qu'il pourroit rendre lui-même à l'église, le feroient placer honorablement dans les rangs du haut clergé. La faveur dont on lui montra la perspective, et qu'il alloit conquérir par un travail qui ne seroit pas long, attira son attention, et les exemples nombreux de fortunes faites par cette voie presque en un clin d'œil, achevèrent de le séduire ; et la séduction fut telle, que croyant déjà tenir ce qu'on lui promettoit, il se dépouilla de son droit d'aînesse, c'est-à-dire, de tous les biens de sa maison, et les céda à son frère, moyennant une pension assez modique ; sur quoi je m'empresse de dire que dans la suite, quoiqu'il se soit trouvé dans des situations bien pénibles, il ne demanda jamais cette pension, et qu'il la reçut toujours avec la même reconnoissance que si c'eût été une marque gratuite de l'amitié de son frère.

Et c'est de cet homme confiant et désintéressé, essentiellement bon, sensible et généreux, qu'il est dit dans un dictionnaire historique, « qu'il avoit une physionomie méchante, pleine « de fiel; que son caractère étoit comme sa « physionomie; que l'amitié lui fut entièrement « inconnue; qu'on le connoissoit dès les premiers « instans ». Les Jesuites qui étoient meilleurs juges, ne virent en lui qu'un homme de beaucoup d'esprit, simple et trop crédule, et d'un dévouement franc et sans réserve.

Sur les recommandations qu'il apportoit de Toulouse, et sur celles qui avoient précédé son arrivée à Paris, le P. le Tellier le reçut avec toutes les démonstrations d'un vif intérêt; le chargea de dresser plusieurs mémoires, de prendre connoissance de tout ce qu'on écrivoit pour ou contre le jansenisme, en exigeant néanmoins qu'il menât une vie retirée et cachée.

Accoutumé au travail et à la retraite, l'Abbé de Margon ne sortoit que la nuit, ne voyoit que des Jesuites, et n'alloit qu'à la maison professe. Le livre de l'*Action de Dieu sur les Créatures* venoit de paroître sans nom d'auteur. C'étoit le systême des thomistes sur les opérations de la grâce, opposé à celui de Molina que les Jesuites soutenoient.

L'abbé

L'abbé Boursier, docteur de Sorbonne, ne disoit rien de nouveau dans cet ouvrage anonyme, mais il lui avoit donné une forme piquante, en prouvant sa doctrine par le seul raisonnement, allant de conséquence en conséquence, suivant la méthode des géomètres. Le livre faisoit grand bruit; il falloit, pour y répondre, un homme exercé dans les discussions métaphysiques, et dont le style eût assez d'attrait et d'intérêt pour soutenir l'attention dans ces routes obscures. L'Abbé de Margon se chargea de prouver que la doctrine de ce livre tendoit au spinosisme. Ce n'étoit pas tout-à-fait le compte des Jesuites. « En vous bornant là, « lui disoit-on, vous réfuterez un systême par« ticulier et un auteur anonyme; vous n'atta« querez qu'un livre, tandis qu'il faut attaquer « un parti. Les jansenistes seront enchantés qu'on « les laisse de côté; les jesuites ne seront point « vengés, et votre tâche doit être de venger « les Jesuites, en montrant l'accord parfait du « spinosisme et du jansenisme ». Il faudra donc, disoit l'Abbé de Margon, révolter tout le monde, en répétant ce qu'a dit le P. Hardouin, que les jansenistes sont des athées.

On l'avoit mis sous la direction d'un professeur en théologie, appelé P. Hoignant, qui dans ses cahiers se bornoit à soutenir la conformité des deux doctrines, et laissoit le lecteur en tirer lui-même la conséquence. Au P. Hoignant se joignit un P. Dejean et le P. Doucin ; et son patron le P. Perrin lui écrivoit de Toulouse : « *Pour un ouvrage qui demande tant de précision* « *et de subtilité*, il faut consulter les habiles ». Ces consultations eurent leur effet. L'Abbé de Margon recueillit les raisonnemens plausibles et les inductions subtiles du P. Hoignant, et consentit à travailler sur le plan qu'on lui traçoit.

Il est inexcusable d'avoir adopté des argumens dont il connoissoit la fausseté astucieuse, et d'avoir sacrifié à des vues d'intérêt et d'avancement les lumières de sa conscience. Ce n'étoit déjà que trop, pour un homme comme lui, et pour quiconque n'est pas réduit à mendier son pain, d'asservir sa plume à des ouvrages de commande. Je sais bien que s'il eût reculé au moment décisif, il perdoit le fruit de ses complaisances antérieures, et se perdoit peut-être lui même. Il eût porté la peine de son imprudence ; il porta celle d'une foiblesse criminelle, et il n'eut pas la consolation d'avoir fait son devoir et de souffrir pour la justice.

Il fut aisé aux jesuites, quand ils le tinrent ainsi, de l'enlacer dans leurs filets. « Je suis

« bien aise, lui écrivoit le P. Perrin, que « vous travailliez à vous faire connoître par le « bon endroit, c'est-à-dire, par un ouvrage qui « donne un témoignage incontestable du parti « que vous prenez pour la bonne doctrine. Je « suis bien aise que vous ayez pris le dessein de « faire imprimer un avant-coureur, *sans nom*, « de votre dessein. Vous avez le style net; vous « pensez bien; vous êtes destiné pour les affaires « de la religion; j'ai écrit au révérend père à « votre sujet ».

Ce R. P. étoit le P. le Tellier, qui dit à l'Abbé de Margon : « La postérité vous appellera « le Pascal Catholique. Il faut que votre livre « porte un coup certain, et que je vous rende « aussi heureux que vous vous rendez illustre ».

La lettre *sans nom* dont parle le P. Perrin, n'étoit autre chose qu'un prospectus contenant le plan de l'ouvrage. Les jesuites, en voulant qu'elle fût imprimée, avoient deux motifs : l'un, de faire cesser les syndérèses de l'Abbé de Margon, en lui faisant prendre un engagement public par cette lettre dont l'auteur ne seroit pas long-temps inconnu; l'autre objet étoit de faire arrêter une seconde édition, prête à paroître, du livre de l'*Action de Dieu*. Ils y réussirent. Un commissaire du Châtelet se transporta chez le libraire, et confisqua l'édition, en vertu d'un arrêt du conseil.

En lui annonçant cette nouvelle, le P. Hoignant lui écrivit : « L'enlèvement des exemplaires est « une marque d'attention, et assure l'effet de « votre réfutation. Je vous souhaite un aussi « grand succès que la disposition est belle ».

Le P. Tournemine, dans le journal de Trevoux, rendit un compte avantageux de cette lettre, dont l'ouvrage annoncé ne devoit être que le développement.

Le P. Perrin revenoit à la charge. « Je ne « cesserai jamais de défendre vos intérêts, « parce que je suis persuadé que ce sont ceux « de l'église. J'ai du plaisir de toutes les avances « que j'ai faites et de toutes celles que j'ai résolu « de faire, pour donner l'idée qu'on doit avoir « de votre mérite, et en particulier pour *le zèle « qui vous a fait renoncer à vos biens*, pour « travailler avec plus de liberté aux affaires de « la religion, qui a besoin, dans ce temps-ci, « de personnes de votre habileté ».

La première livraison de l'ouvrage parut, et comme il falloit que le titre en indiquât le véritable objet, on l'intitula *le jansenisme démasqué*. Il falloit s'attendre aux mêmes reproches qu'avoit mérités le P. Hardouin, en imputant aux jansenistes de former une société d'athées. L'Abbé de Margon qui s'y attendoit, comptoit sur l'appui des jesuites et de tout leur crédit. Mais ce n'étoit point là leur politique. En faisant à leurs ennemis tout le mal qu'ils pouvoient, ils cachoient la main qui frappoit, et dans cette querelle, où ils vouloient paroître improuver l'imputation absurde du P. Hardouin, ils affectoient de paroître étrangers à l'ouvrage de l'Abbé de Margon. En conséquence, ils ne se bornèrent point à l'abandonner, après l'avoir mis en avant, comme un enfant perdu; ils armèrent contre lui le P. Tournemine, qui attaqua cet ouvrage comme le produit d'une imagination déréglée, et en parla avec tout le dédain d'un souverain mépris.

L'Abbé de Margon, furieux, court à la maison professe, et demande justice de cet outrage au P. Doucin, au P. Dejean et au P. Hoignant, dont il avoit adopté le plan et le systême, à son corps défendant. Ils répondirent froidement que le P. Tournemine étoit un homme à idées singulières; que le mal étoit fait; qu'il falloit éviter un éclat, et souffrir en silence cette petite humiliation dont il seroit si amplement dédommagé. Cette indifférence de gens qui l'avoient poussé en avant avec un si vif intérêt, lui fit tomber les écailles des yeux. Il vit dans toute son étendue l'abyme de sa position, qui alloit le rendre le jouet de l'un et de l'autre parti. Le passé n'est point à moi, leur dit-il, je ne puis pas effacer de ma vie la démarche à laquelle vous m'avez porté, mais je puis en affoiblir l'impression et calmer mes remords par une déclaration publique, que je reconnois mes torts et que je les déteste.

On chercha vainement à le détourner de cette résolution. Il publia une lettre adressée au P. Tournemine, dans laquelle il ramène tout ce que je viens d'exposer, et il la termina ainsi : « Quoi! après m'avoir séduit par vos flatteries, « enchanté par vos promesses, aveuglé par vos « opinions ; après m'avoir fait consumer mes « biens et ma santé à travailler pour vous, « vous voulez me rendre victime de votre poli« tique ; et par une critique très-insultante pour « l'auteur, vous voulez que je devienne le « mépris et la risée des deux partis ? C'est Dieu « qui l'a voulu ainsi pour mon salut et pour « sa gloire. Il se sert, pour me châtier, de la « même main qui m'a poussé à l'offenser, et « vous, mon révérend père, vous êtes le roseau « que cette main conduit pour me frapper. « Je vous regarde comme l'instrument de la

« providence et de la miséricorde du Seigneur.
« Vos coups ne me blessent pas, ils me conso-
« lent, parce qu'ils me convertissent ».

C'est à la violence de cette rupture qu'on attribue la persécution qui rendit l'Abbé de Margon si malheureux, et qui ne finit qu'avec sa vie. Il eût mieux fait, sans doute, dans les vues de la religion, d'expier dans l'humiliation, les larmes et le silence, les fautes où l'avoient entraîné des vues d'une ambition toute profane. Mais à juger de sa conduite suivant les lumières de la sagesse humaine, valoit-il mieux que l'Abbé de Margon embrassât le système de dissimulation qu'on lui proposoit; qu'il restât aux ordres des Jesuites, toujours disposé à leur prostituer sa plume et sa conscience? Personne n'oseroit le dire; et dès lors, quand même il se seroit retiré sans se plaindre, quelque modéré qu'il se fût montré, ne l'auroient-ils pas également regardé comme un déserteur et une sorte d'apostat? Auroit-il échappé au reproche de jansenisme? Et le partage des jansenistes contre qui les Jesuites avoient quelque sujet de plainte, n'étoit-il pas l'exil ou la prison?

Sans la mort de Louis XIV, la vengeance des Jesuites n'eût pas été différée d'un jour. En attendant le retour de leur crédit, ils s'appliquèrent à décrier le caractère de l'Abbé de Margon ; leur coutume étoit de placer ainsi des pierres d'attente, auxquelles se lieroient ensuite les délations d'une haine qui ne s'éteignoit jamais.

Après le scandale de sa brochure et l'éclat de sa lettre au P. Tournemine, l'Abbé de Margon n'eut d'autre ressource que de rester à Paris, où il vécut dans une grande médiocrité, de la pension qu'il s'étoit réservée, et du produit de quelques ouvrages littéraires qu'il composoit, ou dont il étoit seulement l'éditeur, les mémoires de Villars, de Berwic, de Tourville et les lettres de Fitz-Moritz.

La folie du *régiment de la calotte* avoit alors la plus grande vogue. Dans toutes les sociétés et la meilleure compagnie, on s'amusoit à composer des *brevets de la calotte*, comme de nos jours à interroger les somnambules de Mesmer ou la cranologie du docteur Gall. S'il est vrai que l'Abbé de Margon prît part à ce badinage, qui, dans l'origine, n'eut rien que d'aimable et d'innocent, et qui dégénéra ensuite en satyres plates et grossières, il n'y a là rien qui puisse faire tort à sa mémoire, dès qu'on ne peut avec justice lui imputer aucune de ces grossiéretés. N'avons-nous pas vu et ne voit-on pas encore

encore des personnes très-estimables attachées à la doctrine et aux pratiques de Mesmer, tandis que d'autres ont abusé horriblement du baquet et des moyens d'établir les rapports magnétiques ?

Les Jesuites reprirent leur crédit à la cour, et tout leur ascendant sous le ministère du Cardinal de Fleuri. La persécution qui avoit suivi la destruction de Port-Royal, n'étoit rien, pour ainsi dire, en comparaison de celle qui commença alors. La première n'avoit atteint que quelques religieuses et un petit nombre de solitaires ; mais pendant le ministère du Cardinal de Fleuri, les exils et les emprisonnemens, sous prétexte de jansenisme, furent multipliés à l'infini dans tous les diocèses, parmi les ecclésiastiques séculiers et réguliers, parmi les couvents et les congrégations de filles.

L'Abbé de Margon n'étoit pas janseniste ; il avoit été élevé dans des principes contraires, et il y persévéra jusqu'à la fin de ses jours. Le grand tort de sa vie, le seul qu'on puisse lui reprocher, n'est pas de s'être brouillé avec les Jesuites, mais d'avoir cédé à leurs séductions. Cependant c'est pour n'avoir pas voulu continuer d'être leur dupe et le jouet de leur politique, qu'ils le dévouèrent à une persécution qui ne finiroit qu'à sa mort. Arrêté comme janseniste, comme arc-boutant de ce parti, traîné de cachot en cachot, à la bastille, aux îles Lérins, au château d'If, les plus belles années de sa vie se passèrent dans cette triste et affreuse solitude, qui ne peut être comparée qu'à celle des tombeaux. Qu'avoit-il donc fait pour être traité avec cette rigueur? Mais qu'avoient fait, à peu près à la même époque, tant de magistrats, tant d'ecclésiastiques, tant de négocians et d'avocats, habitans de Toulon, d'Aix et de Marseille, pour être également envoyés en exil, ou enfermés dans des prisons d'état? Ils s'étoient prononcés contre les Jesuites dans l'infame procès du père Girard. On ne conçoit pas aujourd'hui qu'un ordre religieux ait pu jouir d'une telle puissance, et qu'il ait voulu la maintenir par la terreur. Alors tout plioit sous cette domination, et l'Abbé de Margon fut une des plus déplorables victimes de cette rage persécutrice.

Il gémissoit dans son troisième cachot, lorsque le commandant du château d'If, à qui il avoit été recommandé comme une bête féroce qu'il falloit enchaîner et museler, touché de sa douceur et de sa patience, se rapprocha de lui, et fut émerveillé de trouver dans ce prisonnier si dangereux, un homme résigné, plein d'esprit, et d'une conversation délicieuse. Il en fit sa société de tous les jours ; lui procura des livres et tous les soulagemens qui dépendoient de lui.

Dans les rapports qu'il fit au ministre sur les prisonniers confiés à sa garde, il ne se bornoit pas à rendre justice à l'Abbé de Margon ; il sollicita sa liberté, comme il auroit pu faire pour le meilleur de ses amis et le plus proche de ses parens.

Le Cardinal de Fleuri étant mort, les jansenistes, vrais ou prétendus, ne parurent plus devoir être traités en criminels d'état ; leurs prisons s'ouvrirent ; celle de l'Abbé de Margon ne fut qu'adoucie ; au lieu d'un cachot, on le confina dans un couvent champêtre, à Grandselve, abbaye de Bernardins, solitude agréable, dans un climat tempéré, à une égale distance de Montauban et de Toulouse.

Accueilli avec politesse et humanité par les religieux de ce monastère, il crut renaître à la vie, et l'idée que son exil seroit indéfini ne l'attrista point du tout.

Ses frères étoient morts ; la terre de Margon avoit été vendue, à la suite d'un procès ruineux ; celui de ses neveux qui devoit relever la fortune de sa maison, le comte de la Pause, étoit en Canada, chef de l'état major de l'armée. Il ne lui restoit à Paris ni amis, ni connoissances ; il ne songea qu'à se former un plan de vie occupée, et une société particulière parmi les nombreux cénobites de cette riche abbaye.

Accablé d'infirmités contractées dans l'humidité des cachots, ne se plaignant jamais de son sort, animant la conversation par une gaieté douce et par les ressources de son esprit, jamais plus aimable vieillard n'a recueilli tant de témoignages touchans d'intérêt, d'estime et d'admiration. C'est au milieu de ces consolations qu'il se préparoit à la mort. Il la vit approcher avec le calme d'un chrétie[illegible]igné, dont les erreurs ont été expiées par les rigueurs d'une longue pénitence. C'étoit vers la fin de l'année 1760; ses ennemis se débattoient alors dans les convulsions d'une mort violente. Il ne fut pas témoin de ce grand événement, qui peut-être l'auroit affligé. Uniquement occupé de l'éternité, pendant ses dernières années, il leur avoit pardonné sincèrement; trop heureux, disoit-il, d'obtenir à ce prix le pardon de ses fautes.

Il n'y avoit pas vingt ans qu'il étoit mort, lorsque j'allai visiter l'abbaye de Grandselve, dont je me trouvois à portée. La mémoire de l'Abbé de Margon y étoient honorée. Les vieux religieux qui avoient vécu avec lui, s'empressoient de répondre à mes questions, et paroissoient très-aises d'avoir à s'entretenir de lui avec un ami de sa famille. Tous ceux qui avoient pu lui rendre quelque service, s'en félicitoient. Un domestique du couvent se mêla à notre conversation, pour pouvoir aussi parler de sa bonté. « Il m'aimoit beaucoup, disoit-il avec émotion, « et il étoit si content de mon attachement, « qu'il m'appeloit CYROPHILE, ce qui en grec « veut dire ami de son maître ».

Je demande grâce pour ces détails qui m'ont paru nécessaires et décisifs, pour démentir le portrait que le dictionnaire historique, dont j'ai parlé, fait de l'Abbé de Margon, en ajoutant à ce que j'en ai rapporté plus haut, qu'il étoit caustique, frondeur, bouillant, faux, tracassier, toujours prêt à brouiller les personnes les plus unies, et que c'étoit ainsi qu'il étoit connu dans son exil.

Quel que soit l'auteur de cet article, je puis assurer que ce n'est pas dans le lieu de son exil qu'il a recueilli ces épithètes calomnieuses, et dire, avec plus d'assurance encore, qu'il n'a pas connu celui contre lequel il s'est permis ce débordement d'injures.

Ce ne sont pas là tous ses torts. Les Jesuites, en décriant le caractère de l'Abbé de Margon, avoient au moins respecté ses mœurs. Le dictionnaire historique en fait un épicurien intempérant et voluptueux, un insensé livré aux fantaisies du moment, et y sacrifiant son aisance et ses moyens de subsister.

A l'article *Pétronne*, parlant du repas de *Trimalcion*, il dit que cet ouvrage outrage les bonnes mœurs par la peinture des plaisirs d'une cour corrompue, et il renvoie à l'article de l'Abbé de Margon, où il s'exprime ainsi : « On « rapporte qu'ayant reçu une gratification de « 30,000 fr., il imagina de la manger dans un « repas singulier, qu'il pria M. le duc d'Orléans « de lui laisser donner à Saint-Cloud ; qu'il « (l'Abbé de Margon) en fit la distribution, « Pétronne à la main, et exécuta, avec toute « la régularité possible, le repas de *Trimalcion*. « On surmonta toutes les difficultés à force « de dépenses. Le régent eut la curiosité d'aller « surprendre les acteurs, et il avoua qu'il « n'avoit rien vu de si *original* ».

La qualification seroit bien douce pour une orgie de cette nature. Étoit-ce les Jesuites qui avoient donné à l'Abbé de Margon une gratification de trente mille francs ? Quels rapports assez intimes pouvoit-il avoir avec M. le duc d'Orléans, pour qu'il lui prêtât le château de Saint-Cloud ? Si l'Abbé de Margon exécuta ce fameux repas, Pétronne à la main, avec toute la régularité possible, on commença donc par s'y laver les pieds et les mains avec de l'eau de neige; on y mangea des loirs assaisonnés avec du miel et du jus de pavot; on y voyoit sans doute un suaire et un squelette, pour engager les convives à se réjouir, et leur faire mieux goûter les plaisirs d'une vie joyeuse, par la perspective de la mort. Celui qui représentoit Trimalcion, quitta sans doute la table pour aller à la garde-robe, avertissant que tout étoit prêt pour ceux qui auroient les mêmes besoins, recommandant aux convives qui seroient tourmentés par quelques vents, de ne pas les retenir; et enfin, car il faut abréger et sortir de ces ordures, le repas se termina sans doute par une représentation exacte de la scène qui excita les plaintes jalouses de *Fortunata*, femme de Trimalcion, et donna lieu à celui-ci de lui jeter une coupe à la tête.

Quand on publie de pareilles anecdotes, on devroit citer ses garans, et si on parle au hasard, se mettre au moins à l'abri du reproche de niaiserie. Puisque l'auteur de cet article remarque que l'Abbé de Margon appartenoit à une famille respectable, il devoit, par égard pour cette famille, et par respect pour la vérité, examiner quel fondement avoient les horreurs qu'il a entassées contre la mémoire d'un ecclésiastique, dont il n'auroit fallu parler, que pour détester la longue persécution dont il fut la victime.

FIN.

www.ingramcontent.com/pod-product-compliance
Lightning Source LLC
LaVergne TN
LVHW020241230826
846091LV00006B/2219

* 9 7 8 2 0 1 3 3 7 6 8 9 1 *